El clima

Susan Koehler

Rourke
Educational Media

rourkeeducationalmedia.com

www.rourkeeducationalmedia.com

Edición de la versión en inglés: Robert Stengard-Olliges
Diseño de cubierta: Nicky Stratford, bdpublishing.com
Diseño interior: Renee Brady
Traducción: Yanitzia Canetti
Adaptación, edición y producción de la versión en español de Cambridge BrickHouse, Inc.

ISBN 978-1-61810-469-4 (Soft cover - Spanish)

Rourke Educational Media
Printed in the United States of America,
North Mankato, Minnesota

www.rourkeeducationalmedia.com - rourke@rourkepublishing.com
Post Office Box 643328 Vero Beach, Florida 32964

CONTENIDO

CAPÍTULO UNO
LOS CAMBIOS DEL CLIMA

Los paraguas son útiles durante la lluvia

¿Necesitas un paraguas para salir de tu casa hoy? ¿Necesitas un abrigo? Las condiciones meteorológicas varían constantemente y necesitamos tomar medidas para adaptarnos a esos cambios de tiempo.

Cuando hablamos del tiempo nos referimos en este caso a las condiciones atmosféricas, es decir, del aire. A veces es frío y húmedo, a veces es cálido y seco. Tras una mañana brillante y soleada puede venir una tarde ventosa y nublada.

Los cambios meteorológicos son un resultado de las interacciones cambiantes del agua, del aire y de la **temperatura** en nuestro medio ambiente.

Observa las condiciones meteorológicas de tu área en el transcurso de una semana. Registra los cambios que se producen. Fíjate cuán a menudo cambia el clima y estate al tanto de lo que haces para adaptarte a ese cambio de clima.

Una hermosa tarde.

Los termómetros:

¿Cómo funciona un termómetro? Este se utiliza para medir la temperatura. La palabra termómetro es una combinación de "termo", que significa calor, y "metro", que significa medir. Los termómetros que se utilizan comúnmente son llamados termómetros de bulbo. Estos suelen estar llenos de mercurio, un metal que es líquido a temperatura ambiente. Como la mayoría de los líquidos, el mercurio se dilata cuando se calienta. Cuando el entorno se vuelve más cálido, el mercurio se expande dentro del estrecho tubo de vidrio y como no tiene a dónde ir, se desplaza hacia arriba. Cuando la temperatura se enfría, el mercurio se desplaza hacia abajo.

Un termómetro

La temperatura es una medida de cuánto calor o frío sentiremos en nuestro medio. Cuando la temperatura sube, buscamos maneras de refrescarnos. Cuando la temperatura desciende, nos ponemos más ropa y buscamos refugios con calefacción.

Aunque la temperatura puede variar mucho de un lugar a otro y de una estación a otra, nuestra temperatura en la Tierra sigue siendo lo suficientemente estable como para que puedan vivir plantas y animales.

La luz del sol

A todos nos gustan las temperaturas suaves en un día soleado. Pero tal vez no nos detengamos a pensar en lo importante que es la luz del sol para que se mantengan las temperaturas de nuestro planeta.

El sol es la principal fuente de energía de nuestra Tierra.

El sol es la principal fuente de energía de la Tierra.

La luz y el calor que brinda el sol son necesarios para mantener las temperaturas que hacen que nuestra Tierra sea habitable para las personas, las plantas y los animales.

Un puma

7

El sol calienta el aire, la tierra y el agua. El calor del sol es absorbido por la tierra, y la tierra libera calor hacia el aire encima de la superficie, incluso por la noche. Los grandes cuerpos de agua también guardan y liberan calor, pero a un ritmo mucho más lento que el de la tierra.

Las áreas a gran altura, como las montañas, siempre son más frías que las zonas a menor altitud. La temperatura del aire desciende más de tres grados Fahrenheit (1,6° C) con cada 1000 pies (305 m) de altitud. Es por eso que algunas montañas están cubiertas de nieve ¡todo el año!

Siempre hay nieve en la cima de estas montañas.

Si decides tomar un paraguas o ponerte un abrigo, es que estás encontrando maneras de adaptarte a las condiciones climáticas que cambian continuamente.

Las personas que viven en climas fríos tienen que adaptarse a palear la nieve.

CAPÍTULO DOS

EL AGUA EN EL SISTEMA TERRESTRE

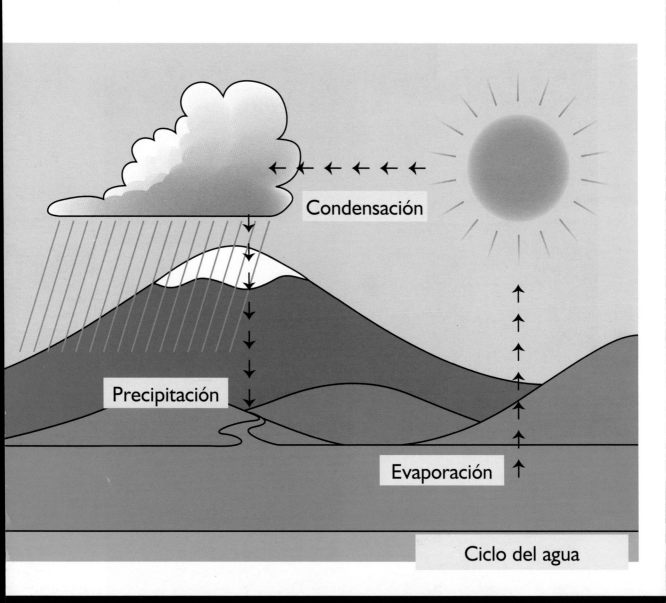

Condensación

Precipitación

Evaporación

Ciclo del agua

El Ciclo del agua

Tal vez no puedas ver el agua a tu alrededor, pero está ahí. El agua se encuentra en el aire en diferentes formas y cambia de una forma a otra. Este proceso continuo se conoce como el Ciclo del agua.

El agua cambia del estado líquido al gaseoso, llamado **vapor de agua**, a través de un proceso conocido por **evaporación**. Como el líquido se calienta por el calor del sol, se convierte en una forma de gas y se eleva a la atmósfera. En el aire, el vapor de agua se enfría y pasa a la forma líquida. Este proceso se llama **condensación**.

Estas gotas de agua se juntan y forman nubes. Cuando las gotas son lo suficientemente pesadas, caen al suelo en forma de **precipitación**.

Esta tormenta carga una gran cantidad de precipitación en sus nubes.

Lluvia, nieve, aguanieve, granizo

La precipitación puede tomar diferentes formas, pero los científicos piensan que se inicia con cristales congelados en las nubes. A medida que los cristales comienzan a caer y pasar a través del aire caliente, se funden y se convierten en gotas de lluvia.

Calle mojada por la lluvia

Los cristales que caen a través del aire muy frío, llegan al suelo en forma de nieve. A veces los cristales comienzan a derretirse, y luego se vuelven a congelar. Esto se llama aguanieve. El agua se congela cuando la temperatura alcanza los 32° Fahrenheit, o el 0° centígrado.

A veces, cuando hay fuertes ráfagas de aire en las nubes, los cristales son empujados hacia arriba y hacia abajo. Entonces comienzan a cubrirse de capas y capas de hielo hasta que resultan tan pesados que escapan de las ráfagas de aire y caen al suelo en forma de granizos.

Esto sucede generalmente en un clima más cálido, durante las tormentas. Los granizos varían desde menos de un centímetro hasta varios centímetros de tamaño. ¡Imagínate granizos del tamaño de pelotas de *softball* que caen del cielo!

Granizos

Niebla matutina sobre un lago

La niebla

¿Alguna vez has salido a la calle en un día de niebla y te has preguntado si estás entrando en una nube? La niebla es similar a las nubes porque está hecha de vapor de agua que se ha enfriado, o condensado, para formar pequeñas goticas de agua.

Pero, a diferencia de las nubes, la niebla se forma del suelo hacia arriba. Se forma cuando el aire, que contiene vapor de agua, es enfriado por el suelo o por un cuerpo de agua.

A veces es posible ver la niebla cuando se cierne sobre un lago. Esto sucede porque el sol está calentando el aire, mientras que el lago está todavía frío. Cuando la temperatura del lago enfría el vapor de agua en el aire, este se condensa y las pequeñas goticas de agua se juntan, creando la niebla.

Valles montañosos neblinosos

Las nubes

Las nubes se forman en el aire cuando el vapor de agua se eleva desde la Tierra, se enfría y se condensa en pequeñas gotitas de agua. Las nubes pueden afectar nuestro clima. Pueden bajar la temperatura al hacerle sombra a la luz y al calor que brinda el sol. La precipitación ocurre cuando las nubes se saturan y las gotitas de agua son muy pesadas.

Tipos comunes de nubes

Algunos tipos comunes de nubes son: **estratos**, **cirros** y **cúmulos**.

Lo estratos son nubes bajas que se extienden a través del cielo y lo cubren como un manto. Estas nubes suelen indicar días grises y lluvia ligera.

Los cúmulos son esas nubes infladas y blancas como algodón de azúcar, que sueles ver en días cálidos y soleados.

Los cirros son nubes delgadas y tenues. Aparecen en lo alto del cielo y suelen producirse en tiempos fríos, pero por lo general indican que un clima más cálido está en camino.

CAPÍTULO TRES

EL AIRE A NUESTRO ALREDEDOR

Estira los brazos delante de ti sin tocar nada. ¿Puedes hacerlo? Es posible que no hayas tocado ningún objeto, pero tus manos se movieron a través del aire, deplazándolo a los lados mientras te estirabas. El aire es la sustancia que nos rodea. Tiene peso, ocupa un espacio, e incluso se mueve a nuestro alrededor en forma de viento.

El aire está a nuestro alrededor.

La atmósfera

Al igual que la luz y el calor del sol, el aire es un ingrediente crucial para mantener la vida en nuestro planeta. La combinación de gases presentes en el aire, como el oxígeno, el dióxido de carbono y el vapor de agua, forman un gran cinturón alrededor de la Tierra llamado **atmósfera**.

La atmósfera de la Tierra está hecha de muchas capas. La mayoría de los cambios climáticos que experimentamos están sucediendo en el nivel inferior de la atmósfera, llamado **troposfera**.

Desde la troposfera, miramos hacia arriba y vemos las nubes. Sentimos la lluvia cuando cae en la Tierra y el aire que nos rodea en forma de viento.

La atmósfera de la Tierra

Nuestra atmósfera permite que la luz del sol pase a través de ella y llegue al suelo, proveyéndonos la luz y el calor que necesitamos para sobrevivir. Una vez que el calor está en nuestra atmósfera, queda atrapado. Ese calor atrapado permite que la Tierra mantenga temperaturas adecuadas para los seres vivos. Sin nuestra atmósfera, no sería posible la vida en la Tierra.

Sin atmósfera no habría flores.

¿Has disfrutado del placer de una brisa fresca en un día caluroso, o has sujetado la cuerda de una cometa que baila en el aire por encima de ti? ¿Qué provoca que el aire de nuestra atmósfera se mueva?

El aire elevará la cometa.

Un huracán visto desde un satélite.

Una vez más, el sol juega un papel en la creación de las condiciones climáticas. Sabemos que el viento es aire en movimiento. Cuando el sol calienta el aire, provoca que este se mueva y ascienda.

El viento se produce cuando el aire frío desplaza el aire caliente, o cuando el aire caliente empuja el aire frío. El aire frío es más pesado que el aire caliente, así que cuando los dos se encuentran, el aire frío se coloca debajo del aire más cálido y ligero. El aire caliente asciende y se aparta del camino, mientras el aire fresco desciende y lo reemplaza. Este movimiento produce el viento.

Hay otros factores que producen el viento, como el movimiento de rotación y el circular de la Tierra, los cambios de temperatura del agua y las diversas características de la superficie terrestre.

Aire frío

Aire caliente

Viento

El aire frío empuja el aire caliente hacia arriba y fuera de su camino, generando así el viento.

CAPÍTULO CUATRO

LAS ESTACIONES, EL CLIMA Y LA TEMPERATURA

El ártico tiene un clima frío.

Cada zona de la Tierra tiene un clima único, basado en sus condiciones meteorológicas, como la temperatura y la precipitación que se producen durante un período de tiempo. Los científicos determinan el clima de una zona mediante el registro de las condiciones climáticas a lo largo de años para crear una media.

Los desiertos son generalmente secos y cálidos, mientras que el bosque húmedo tropical es cálido y húmedo todo el año. Las regiones polares, por otro lado, son perpetuamente frías. Estos patrones consistentes de temperatura y precipitación, determinan el clima de cada región.

Los cambios de estación

¿Te has preguntado por qué el clima cambia con la llegada de la primavera, el verano, el invierno o el otoño? Los cambios estacionales son un resultado directo del sol y de su relación con nuestro planeta.

El cambio de color de las hojas indica la llegada del otoño.

La Tierra completa su órbita alrededor del Sol en un año. Mientras viaja por el espacio, la Tierra se inclina sobre su eje. Si la parte de la Tierra donde vivimos está inclinada hacia el sol, la luz de este incide directamente sobre nosotros y genera las altas temperaturas del verano.

Cuando la Tierra alcanza el lado opuesto del sol, nuestra parte de la Tierra se inclina alejándose de este. Seguimos recibiendo luz y calor, pero no nos llega directamente. Esto produce temperaturas más frías y menos horas de luz al día durante el invierno.

Rayos cálidos

Para esta actividad, se necesita un globo terráqueo y una linterna. Coloca el globo sobre una superficie plana. Enciende la linterna y apaga las luces de la habitación. Párate de 12 a 18 pulgadas (30 a 46 cm) del globo y enfoca la linterna directamente en el ecuador. ¿Qué diferencia notas en la cantidad de luz que alumbra sobre el ecuador en comparación con la que ilumina los polos?

Aun cuando nuestra parte del mundo está inclinada hacia el sol, no todos reciben la misma cantidad de calor y luz. Las partes más calientes de nuestro planeta se encuentran cerca del ecuador. El ecuador es la parte más ancha de la Tierra, por lo que está más cerca del Sol que otras áreas.

A medida que la superficie de la Tierra se hace más curva hacia los polos, se aleja más del sol y las temperaturas se tornan más frías. Es por eso que el Polo Norte y el Polo Sur son las regiones más frías de la Tierra.

Estas diferentes temperaturas también son responsables de gran parte de nuestro viento. El aire caliente se eleva desde el ecuador y se desplaza hacia los polos. El aire pesado y frío de los polos desciende y se mueve hacia el ecuador. Este ciclo mantiene la atmósfera en constante movimiento.

Los fuertes vientos y la lluvia causan estragos en las hojas de estas palmeras.

CAPÍTULO CINCO

LAS TORMENTAS

Puede que las precipitaciones leves y los cambios de estación nos resulten fáciles de manejar. Sin embargo, el mal tiempo puede ser una fuerza peligrosa que deje destrucción a su paso.

Los relámpagos fuertes pueden causar apagones.

Truenos y relámpagos

¡Pum! ¿Alguna vez has escuchado el estruendo del trueno y te has preguntado por qué sucedió? El relámpago, creado por la electricidad en las nubes, calienta el aire que lo rodea. El aire se mueve tan rápido que hace un estruendo, como una explosión. La luz viaja mucho más rápido que el sonido. Es por eso que a menudo oímos el trueno después de haber visto el relámpago. Cuanto más lejos esté el relámpago, más tiempo tardará en oírse el trueno.

El trueno sigue al relámpago.

Calcular a qué distancia está el relámpago

Puedes averiguar cuán lejos de ti está un relámpago. La luz viaja mucho más rápido que el sonido. Puedes ver un rayo al instante, pero el sonido del trueno viaja a 5 millas por segundo. Así que cuando veas un rayo, cuenta los segundos hasta que oigas el trueno. "Uno-un mil, dos-un mil, tres-un mil ... ¡Pum!". Deja de contar cuando escuches el trueno. Luego multiplica el total de segundos por 5, para determinar a cuántas millas de distancia está el rayo aproximadamente.

Los frentes

Por lo general, las tormentas ocurren cuando chocan grandes cuerpos de aire, llamados masas de aire. Las **masas de aire** cálidas y frías se enfrentan sobre la Tierra. Al lugar de ese encuentro se le conoce como **frente**.

Un **frente frío** ocurre cuando una masa de aire frío es empujada contra una masa de aire caliente. La condición contraria sería un **frente cálido**. Un frente frío se mueve rápidamente y desciende por debajo del aire caliente, causando por lo general fuertes lluvias o nieve. Estas tormentas suelen ir seguidas de temperaturas heladas. Un frente cálido también puede causar cambios en la lluvia y la temperatura, pero de manera mucho más lenta.

Vista de satélite de un sistema frontal que se mueve sobre los Estados Unidos.

Las inundaciones

Las fuertes lluvias suelen provocar peligrosas y destructivas inundaciones. Las inundaciones repentinas pueden ocurrir en áreas donde los arroyos y otras corrientes de agua más pequeñas fluyen hacia los grandes ríos. Después de pocas horas de fuertes lluvias, los niveles de agua pueden aumentar de manera dramática y empujar un gran frente de agua en las ciudades circundantes.

Coches sumergidos a causa de severas inundaciones

Otras inundaciones, como los **tsunamis**, pueden predecirse con cierta anticipación. Los tsunamis son olas gigantes causadas por terremotos bajo el mar, volcanes o desplazamientos de tierra. Los tsunamis, a veces llamados maremotos, pueden causar enormes daños en las zonas costeras.

Los tornados

Los tornados son tormentas violentas que se producen cuando el aire cálido y húmedo se eleva rápidamente hacia el aire frío. La mayoría de los tornados tienen forma de embudo, pero estos pueden tener muchas formas y tamaños. El torbellino de aire se produce rápidamente durante una tormenta y se extiende desde la tormenta hasta el suelo.

Según la Administración Nacional Oceánica y Atmosférica, se reportan cerca de 1000 tornados cada año en los Estados Unidos. Estos pueden dejar un rastro de destrucción de más de 1 milla (1,6 km) de ancho y 50 millas (80 kilómetros) de largo.

Un tornado deja un rastro de destrucción.

Los huracanes

Los huracanes son tormentas tropicales severas que se forman sobre el océano y suelen desplazarse hacia la tierra, trayendo fuertes vientos e inundaciones. En algunas partes del mundo, los huracanes son llamados tifones o ciclones.

Los huracanes comienzan como tormentas tropicales. El viento y la lluvia giran en sentido antihorario alrededor del "ojo" de la tormenta. Cuando los vientos alcanzan 74 millas (119 km) por hora, la tormenta tropical se convierte en huracán.

Vientos huracanados

Secuelas del huracán

Los huracanes se clasifican por la fuerza de sus vientos.

Categorías de los huracanes

Hay cinco categorías de huracanes, determinadas principalmente por la fuerza de los vientos y la magnitud de los posibles daños a las estructuras. Esta categorización es conocida como la Escala de Saffir-Simpson.

Categoría 1: vientos de 74 a 95 mph (119 a 153 km/h): daños muy limitados a las estructuras

Categoría 2: vientos de 96 a 110 mph (154 a 177 km/h): por lo general daños menores a las estructuras

Categoría 3: vientos de 111 a 130 mph (178 a 209 km/h): daños considerables a estructuras pequeñas

Categoría 4: vientos de 131 a 155 mph (210 a 250 km/h): daños considerables a la mayoría de las estructuras

Categoría 5: vientos por encima de 156 mph (251 km/h): daños considerables a las estructuras; pérdida devastadora para las pequeñas estructuras y casas móviles

Tormentas de nieve

Los huracanes se limitan a las regiones tropicales, pero las zonas más frías a veces experimentan tormentas invernales peligrosas, llamadas ventiscas o tormentas de nieve. Los fuertes vientos y las nevadas crean un ambiente peligroso donde la gente no puede ver a través de la nieve que sopla, y a menudo se producen "las heladas".

A veces, las tormentas de nieve no se producen por la nieve que cae, sino por la nieve que los fuertes vientos levantan del suelo. Estas tormentas se llaman ventiscas de suelo.

Fuertes tormentas de nieve producen las heladas.

Esta calle y todos los coches estacionados en ella están cubiertos por la espesa nieve, producto de una tormenta de nieve.

CAPÍTULO SEIS

PRONÓSTICO DEL TIEMPO

Las tormentas severas pueden ser muy peligrosas para las personas y los animales. Hace mucho tiempo, las tormentas aparecían sin previo aviso. Gracias a la ciencia de la **meteorología**, hoy en día somos capaces de tomar las precauciones necesarias para asegurar nuestra propiedad e incluso evacuar nuestros hogares en los días previos a la llegada de una tormenta severa.

El meteorólogo estudia el mapa.

La meteorología es la rama de la ciencia que estudia el clima y las condiciones del tiempo en nuestra atmósfera. Los meteorólogos utilizan muchos instrumentos para estudiar el clima y hacer predicciones.

La mayoría de los instrumentos que utilizan los meteorólogos son dispositivos para medir. Ellos miden la cantidad de precipitación que cae y la cantidad de agua en el aire, llamada **humedad**.

Termómetros

Todos estamos familiarizados con los termómetros, que miden la temperatura. Los termómetros son instrumentos muy comunes que utilizan los meteorólogos.

Otro instrumento para medir las condiciones climáticas es el **anemómetro**. Los anemómetros se utilizan para medir la velocidad del viento.

El **barómetro** es un instrumento que se utiliza para medir la presión del aire, o el peso de las masas de aire. Una baja presión puede ser una señal de que un mal tiempo se aproxima.

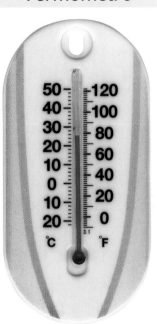

Termómetro

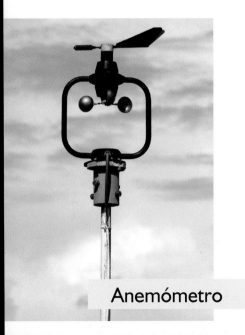

Anemómetro

Barómetro

Haz tu propio barómetro

El barómetro se utiliza para medir la presión del aire. Puedes hacer tu propio barómetro con un frasco de boca ancha, un globo, una banda elástica, un popote y una hoja de papel.

Corta el cuello del globo, extiende fuertemente el resto del globo sobre la parte superior del frasco, y asegúralo con una banda elástica. Fija el popote a la superficie del globo con cinta adhesiva, de manera que sobresalga un tercio del frasco, aproximadamente. Pega el papel a la pared y coloca el barómetro de manera que el extremo del popote apunte hacia el papel, pero sin tocarlo. Marca la altura del popote en el papel. Mantén el control de este, y cada vez que revises, marca su altura sobre el papel.

Con el tiempo verás los cambios en la presión del aire. La alta presión empujará hacia abajo la superficie del globo, causando que el popote suba. Esto indica por lo general cielos despejados. La baja presión hará que suba la superficie del globo, causando que el popote baje, lo cual indica probablemente lluvia.

Mapas meteorológicos

Los meteorólogos también utilizan mapas para darle seguimiento a las condiciones meteorológicas. Con esos mapas le pueden mostrar a la gente la ubicación de las tormentas, la temperatura de las distintas regiones y la posición de los frentes. Los mapas del tiempo son herramientas útiles para explicar los cambios climáticos que se aproximan.

Mapas meteorológicos

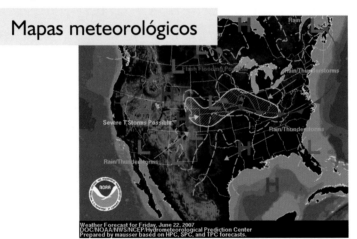

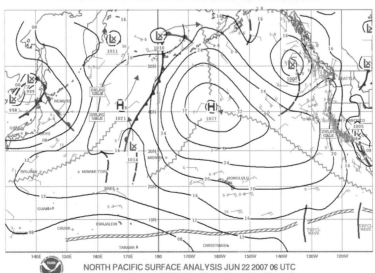

NORTH PACIFIC SURFACE ANALYSIS JUN 22 2007 06 UTC
U.S. Dept. of Commerce/NOAA/National Weather Service Honolulu, Hawaii

Los satélites, radares y las computadoras son todos dispositivos modernos que utilizan los meteorólogos.

Los satélites son lanzados al espacio y orbitan la Tierra. Estos toman fotografías que muestran las condiciones climáticas en los niveles superiores de la atmósfera terrestre.

Imagen satelital de los Estados Unidos

El radar utiliza ondas de radio para localizar objetos. Los meteorólogos pueden predecir qué tan rápido se está moviendo una tormenta y cuándo tocará tierra al hacer rebotar una señal en la lluvia o la nieve.

Las computadoras pueden almacenar y procesar información sobre las condiciones meteorológicas para ayudar a los meteorólogos a hacer predicciones.

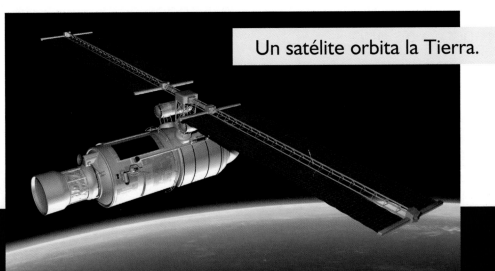

Un satélite orbita la Tierra.

Los meteorólogos suelen aparecer en la televisión para comentar las condiciones meteorológicas de ese momento y para hacer un pronóstico de las condiciones climáticas futuras. Estas predicciones ayudan a las personas a prepararse para los cambios del clima.

El cambio del tiempo nos afecta a todos. Nuestras decisiones pueden ser simples, como la posibilidad de llevar un paraguas o un abrigo. Pero puede que tengamos que tomar decisiones más serias, como si es o no es necesario prepararnos para condiciones meteorológicas peligrosas y destructivas.

El tiempo cambia constantemente, pero hay algo en lo que no cambia: en que nos afecta a todos en la Tierra de un modo o de otro.

Preguntas que nos podemos hacer

1. ¿Cuáles son los tres procesos principales del Ciclo de agua?

2. ¿Puedes explicar por qué ocurren las estaciones?

3. ¿Cómo la ciencia de la meteorología ayuda a la gente?

Sitios en la internet

http://www.noaa.gov
http://www.weather.gov/om/reachout/kidspage.shtml
http://eo.ucar.edu/webweather/index.html

Más información

Allaby, Michael. *Weather*. DK Books, 2006.
Carson, Mary Kay. *Weather Projects for Young Scientists*. Chicago Review Press, 2007.
Staub, Frank. *The Kids' Book of Clouds and Sky*. Millbrook Press, 2005.

GLOSARIO

anemómetro — instrumento que se utiliza para medir la velocidad del viento

atmósfera — gran cinturón de gases que rodea la Tierra

barómetro — instrumento que se utiliza para medir la presión del aire

cirros — nubes delgadas y tenues que indican la llegada de un tiempo más cálido

condensación — proceso que ocurre cuando el vapor de agua se enfría y cambia a su forma líquida

cúmulos — nubes infladas y blancas que se ven usualmente en días cálidos y soleados

estratos — nubes bajas que suelen indicar lluvia

evaporación — proceso que ocurre cuando el calor convierte el líquido en vapor

frente — lugar donde se juntan las masas frías y cálidas del aire

frente cálido — clima que ocurre cuando una masa de aire cálido es empujada contra una masa de aire frío.

frente frío — clima que se genera cuando una masa de aire frío es empujada contra una masa de aire cálido

humedad — aire húmedo o "mojado"

masas de aire — grandes cuerpos de aire

meteorología — rama de la ciencia que estudia el tiempo y clima de nuestra atmósfera

precipitación — gotas de agua que caen al suelo

temperatura — medida de cuán caliente o frío está nuestro entorno

troposfera — capa inferior de la atmósfera terrestre

tsunamis — olas gigantes que golpean la tierra como resultado de un maremoto, una erupción volcánica o un desplazamiento de tierra

vapor de agua — el agua en forma gaseosa

ÍNDICE

Acerca de la autora

Susan Koehler es una maestra y escritora que vive en Tallahassee, Florida con su esposo, sus cinco hijos, sus tres gatos y su perro.